A WONDERFUL DAY

একটি চমৎকার দিন

Sam Sagolski
Illustrated by Elena Kisenkova

www.kidkiddos.com

support@kidkiddos.com

First edition

Translated from English by Aditi Ghosh
ইংরেজী থেকে অনুবাদ - অদিতি ঘোষ

Library and Archives Canada Cataloguing in Publication
A Wonderful Day (English Bengali Bilingual) / Sam Sagolski
ISBN: 978-1-5259-7230-0 paperback
ISBN: 978-1-5259-7231-7 hardcover
ISBN: 978-1-5259-7229-4 eBook

Please note that the Bengali and English versions of the story have been written to be as close as possible. However, in some cases they differ in order to accommodate nuances and fluidity of each language.

Danny was sitting on the porch, looking up into the starlit sky.

ড্যানি গাড়িবারান্দায় বসে তারায় উজ্জ্বল আকাশের দিকে তাকিয়ে ছিল।

"What are you doing?" his dad asked as he sat beside him.

"কি করছো তুমি?" তার পাশে বসে তার বাবা জিজ্ঞাসা করলেন।

"Thinking about my day," Danny said.

"আমার সারাদিনের কথা ভাবছি," ড্যানি বলল।

"Oh?" Dad asked. "What happened?"

"তাই?" বাবা বললেন। "কি হয়েছে?"

Fairy Tales

"Well, when I woke up today, I rolled right out of my bed and onto the floor."

"হয়েছে কি, আজ ঘুম থেকে যেই উঠেছি, অমনি খাট থেকে সোজা গড়িয়ে একেবারে মাটিতে পড়ে গেলাম।"

“Then, at breakfast, my favorite cheese had already been eaten.”

“তারপর, জলখাবারের সময়, আমার প্রিয় চিজ়টা আগেই শেষ হয়ে গিয়েছিল।”

"At school, some kids called me 'big ears' and pulled my tail."

"স্কুলে, কয়েকজন বাচ্চা আমাকে 'বড় কানওয়ালা' বলে ডেকেছে আর আমার লেজ ধরে টেনেছে।"

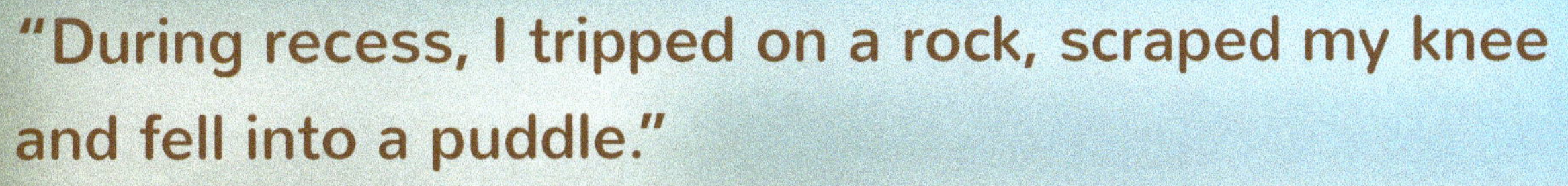

"During recess, I tripped on a rock, scraped my knee and fell into a puddle."

"টিফিনের সময়, আমি একটা পাথরে হোঁচট খেলাম, হাঁটুটা ছড়ে গেল আর একটা ডোবার মধ্যে পড়ে গেলাম।"

"After school, I wanted my brother to play a game with me, but he said no."

"স্কুলের পর, ভাইকে বললাম আমার সঙ্গে একটা গেম খেলতে, কিন্তু ও না বললো।"

"It sounds like you had a really bad day, Danny," said Dad.

"শুনে মনে হচ্ছে তোমার দিনটা সত্যিই খুব খারাপ কেটেছে, ড্যানি," বাবা বললেন।

Danny looked at him and said, "No, I didn't! I had a great day!"

ড্যানি তাঁর দিকে তাকিয়ে বলল, "না, খারাপ তো কাটেনি ! আমার দিনটা দারুণ ভালো ছিল।"

Dad was confused. "But you said you fell out of your bed when you woke up."

বাবা ঠিক বুঝতে পারলেন না। "কিন্তু তুমি যে বললে ঘুম থেকে উঠে খাট থেকে পড়ে গিয়েছো।"

"I did! Then I found my favorite stuffed animal under my bed!"

"গিয়েছিলাম তো! তারপর আমার প্রিয় তুলো ভরা খেলনা জন্তুটা খাটের নীচে পেয়ে গেলাম।"

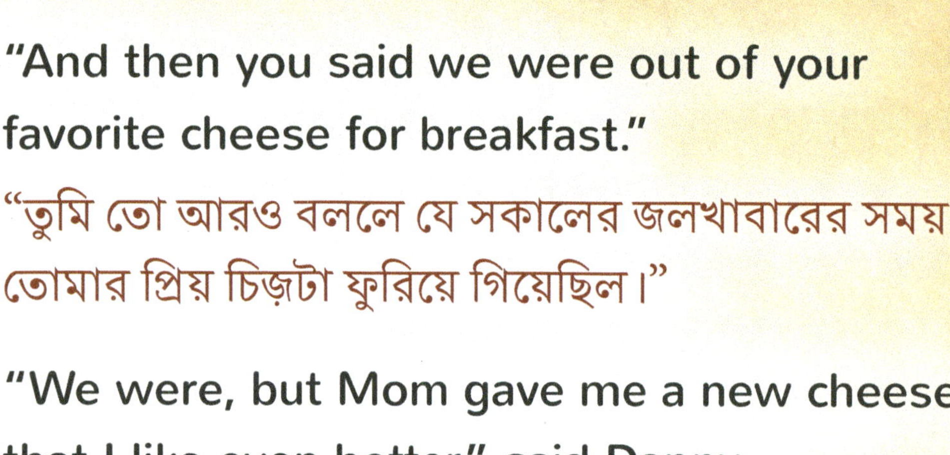

"And then you said we were out of your favorite cheese for breakfast."

"তুমি তো আরও বললে যে সকালের জলখাবারের সময় তোমার প্রিয় চিজ়টা ফুরিয়ে গিয়েছিল।"

"We were, but Mom gave me a new cheese that I like even better," said Danny.

"তাই তো, কিন্তু মা আমাকে একটা নতুন চিজ় দিয়েছিল যেটা আমার আরও ভালো লেগেছে।" ড্যানি বলল।

"What about the kids at school? Didn't they hurt your feelings?"

"স্কুলের বাচ্চাদের কথা বলছিলে যে? ওদের ব্যবহারে তোমার মনে কষ্ট হয়নি?"

"They did at first, but Nick, a new kid at school, helped me. He's my friend now," said Danny.

"প্রথমে হয়েছিল, কিন্তু নিক্, স্কুলের একজন নতুন বাচ্চা, আমাকে সাহায্য করেছে। ও এখন আমার বন্ধু," ড্যানি বলল।

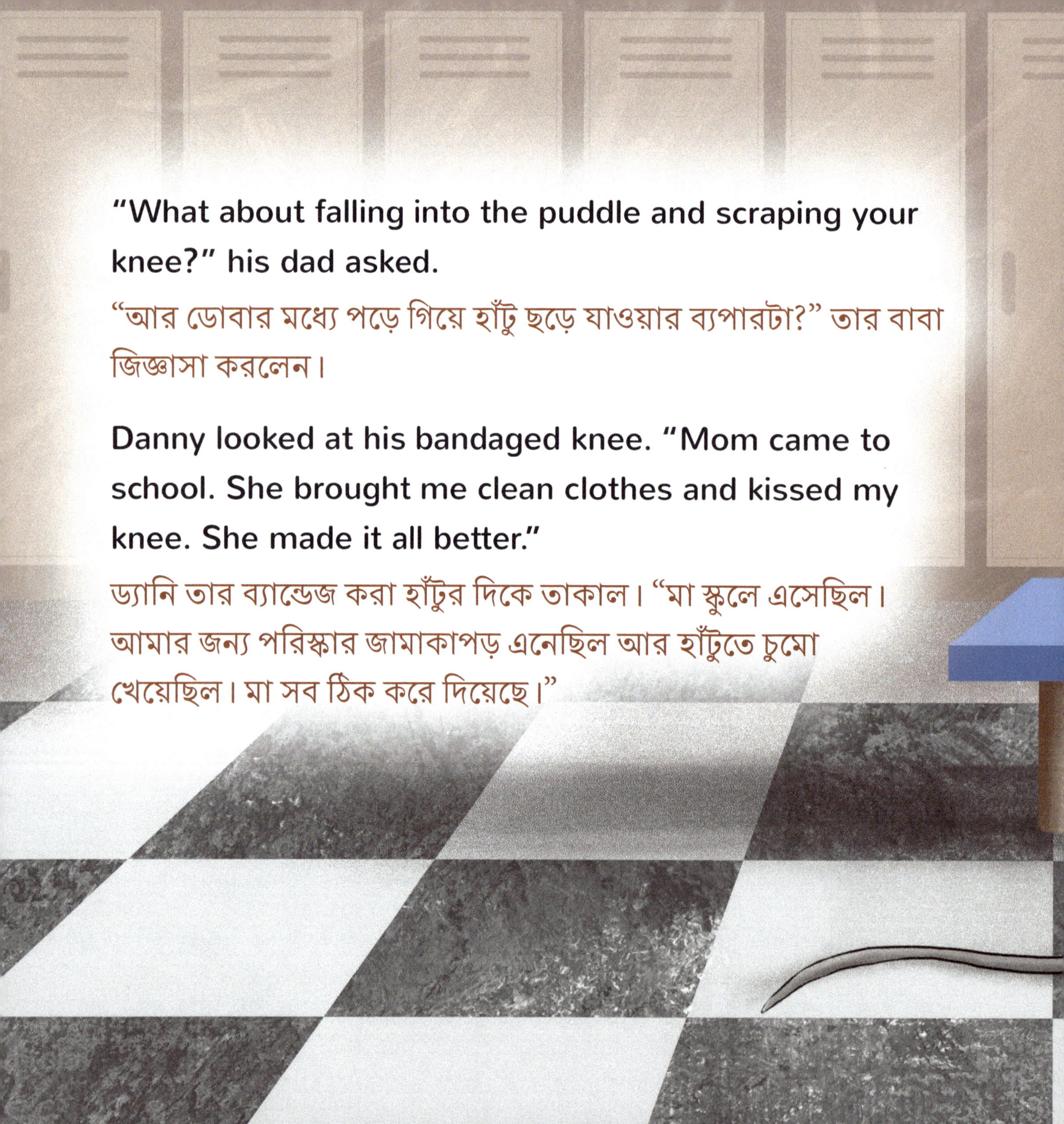

"What about falling into the puddle and scraping your knee?" his dad asked.

"আর ডোবার মধ্যে পড়ে গিয়ে হাঁটু ছড়ে যাওয়ার ব্যাপারটা?" তার বাবা জিজ্ঞাসা করলেন।

Danny looked at his bandaged knee. "Mom came to school. She brought me clean clothes and kissed my knee. She made it all better."

ড্যানি তার ব্যান্ডেজ করা হাঁটুর দিকে তাকাল। "মা স্কুলে এসেছিল। আমার জন্য পরিস্কার জামাকাপড় এনেছিল আর হাঁটুতে চুমো খেয়েছিল। মা সব ঠিক করে দিয়েছে।"

"What about when your brother wouldn't play with you?" Dad continued.

"আর যখন ভাই তোমার সঙ্গে খেলা করতে চাইল না?" বাবা বলতে লাগলেন।

"I played with my sister," Danny said. "We had a great time building a fort and pretending to be a king and a queen. It was so much fun!"

"আমি বোনের সঙ্গে খেলা করলাম," ড্যানি বলল। "আমরা একটা দুর্গ বানিয়ে আর রাজা-রানী সেজে দারুণ সময় কাটালাম। খুব মজা হয়েছে!"

“Well, it sounds like you really did have a great day. Now it’s time to go to bed,” Dad said.

“আচ্ছা, শুনে মনে হচ্ছে সত্যিই তোমার দিনটা চমৎকার কেটেছে। এবার শুতে যাওয়ার সময় হল,” বাবা বললেন।

He smiled at his son and picked him up, as Danny closed his eyes.

ড্যানির চোখ বুঁজে আসতেই ছেলের দিকে তাকিয়ে হেসে তিনি তাকে কোলে তুলে নিলেন।

"I did have a great day," Danny said as he snuggled into his bed, ready to go to sleep.

"সত্যিই আমার দিনটা দারুণ কেটেছে," ঘুমের জন্য তৈরী হয়ে বিছানায় আরাম করে শুতে শুতে ড্যানি বলল।

"I found my favorite stuffed animal. I ate a new food. I made a new friend. I got to see mom and I had fun with my sister. My heart is so happy. I can't wait to see what happens tomorrow."

"আমার প্রিয় তুলোভরা জন্তুটা খুঁজে পেলাম। নতুন একটা খাবার খেলাম। নতুন বন্ধু হল। মায়ের সঙ্গে দেখা হল আর বোনকে নিয়ে মজা করে খেলা করলাম। আমার মনে খুব আনন্দ হচ্ছে। কাল কি কি হবে দেখার জন্য যেন অপেক্ষা করতেই পারছি না।"

www.ingramcontent.com/pod-product-compliance
Lightning Source LLC
LaVergne TN
LVHW071725230826
846093LV00024B/535

* 9 7 8 1 5 2 5 9 7 2 3 0 0 *